BEI GRIN MACHT SICH IHR
WISSEN BEZAHLT

- Wir veröffentlichen Ihre Hausarbeit,
  Bachelor- und Masterarbeit

- Ihr eigenes eBook und Buch -
  weltweit in allen wichtigen Shops

- Verdienen Sie an jedem Verkauf

Jetzt bei www.GRIN.com hochladen
und kostenlos publizieren

E-Commerce und Datenschutz in Deutschland

Naveen Vimalan

Bibliografische Information der Deutschen Nationalbibliothek:

Die Deutsche Nationalbibliothek verzeichnet diese Publikation in der Deutschen Nationalbibliografie; detaillierte bibliografische Daten sind im Internet über http://dnb.d-nb.de abrufbar.

ISBN: 9783346764379
Dieses Buch ist auch als E-Book erhältlich.

© GRIN Publishing GmbH
Nymphenburger Straße 86
80636 München

Druck und Bindung: Books on Demand GmbH, Norderstedt Germany
Gedruckt auf säurefreiem Papier aus verantwortungsvollen Quellen

Das Buch bei GRIN: https://www.grin.com/document/1297012

Leuphana Universität Lüneburg

Fakultät Management und Technologie
Institut für Wirtschaftsinformatik

Hausarbeit

E-Commerce und Datenschutz in Deutschland

Abgabetermin: 07. September 2022

Verfasser:
Naveen Vimalan
Fachrichtung: Wirtschaftsinformatik

Inhaltsverzeichnis

Abbildungsverzeichnis

1 Einleitung

„Datenschutz ist weitestgehend zu verstehen, als das Recht eines Individuums die Sammlung, Nutzung und Verbreitung seiner personenbezogenen Informationen, die in Besitz von anderen sind, zu kontrollieren" (deutsche Übersetzung aus [o. V. 2000]). (Schier, 2020, S. 25)

In Deutschland ist der Datenschutz seit jeher ein sensibles Thema. Es herrscht Misstrauen, vor allem wenn es um die Verarbeitung personenbezogener Daten in der Cyberwelt geht. Beim Handel mit Wirtschaftsgütern im Internet werden Unmengen solcher Daten verarbeitet, um potenziellen Kunden ein auf ihre Bedürfnisse zugeschnittenes Angebot zu unterbreiten. Diese Art des Onlinevertriebs wird auch als „E-Commerce" bezeichnet, was den Handel mit Produkten und Dienstleistungen über das Internet beschreibt. Die Verarbeitung personenbezogener Daten spielt dabei eine große Rolle, insofern diese Daten zu Werbe- oder Verkaufszwecken gebraucht werden. In Deutschland geben die Datenschutz-Grundverordnung (DSGVO) und das Bundesdatenschutzgesetz (BDSG) den Rahmen für den rechtmäßigen Umgang mit personenbezogenen Daten vor. Grundlegend für die Auswahl des Hausarbeitsthemas im Rahmen des Seminars Datenschutz und Persönlichkeitsrechte waren daher Überlegungen zu der Verarbeitung personenbezogener Daten im E-Commerce nach der DSGVO und dem BDSG. Der Umsatz des Onlinehandels in Deutschland lag im Jahr 2021 bei 87 Milliarden Euro und ist im Vergleich zum Vorjahr um 19,1 Prozent gestiegen (vgl. Handelsverband Deutschland, 2022). Durch die zunehmende Nutzung des Onlinehandels ist eine Aufklärung über die rechtliche Lage bei der Verarbeitung personenbezogener Daten unerlässlich. Aus diesem Grund sollen die Thematiken E-Commerce und Datenschutz im E-Commerce behandelt werden. Der Fokus wird dabei vor allem auf Unternehmen in Deutschland liegen. Die Hausarbeit befasst sich mit der Frage, wie die datenschutzrechtlichen Regelungen der DGSVO und des BDSG den Schutz personenbezogener Daten im E-Commerce gewährleisten. Ziel ist es, die gemeinsamen und unterschiedlichen Positionen von Experten zum Thema E-Commerce und Datenschutz im E-Commerce zu analysieren, um ein besseres Verständnis für diese Themen zu gewinnen. Um die Thematik E-Commerce zu beleuchten, folgt im ersten Kapitel die Erläuterung des Begriffs „E-Commerce", gefolgt von der Analyse der Entwicklungshistorie, der Geschäftsmodelle Business-to-Consumer (B2C) und Business-to-Business (B2B) sowie der rechtlichen Grundlagen im E-Commerce. Das zweite Kapitel beschäftigt sich mit dem Datenschutz im E-Commerce. Nebst dem Datenschutzrecht in Deutschland soll die Verarbeitung personenbezogener Daten nach der DSGVO und dem BDSG in Anbetracht der Leitfrage ausgiebig behandelt werden, gefolgt von der Auseinandersetzung mit den technischen Schutzmaßnahmen für die Absicherung persönlicher Daten. Schließlich folgt die Analyse der E-Privacy-Verordnung und des Telekommunikation-Telemedien-Datenschutz-Gesetzes (TTDSG) im Bezug auf die Verschärfung der DSGVO bei der Verarbeitung personenbezogener Daten und den daraus resultierenden Folgen für das Direktmarketing. Am Ende der vorliegenden Hausarbeit werden die bedeutsamsten Erkenntnisse aus den Positionen der Experten zusammengefasst. Dabei wird die Leitfrage durch eine Abwägung der Argumente und Gründe umfassend beantwortet. Ferner wird Bezug auf mögliche Grenzen hinsichtlich des Forschungsstandes und der Ausarbeitung der Hausarbeit genommen. Nun folgt die Behandlung der Thematik E-Commerce.

2 E-Commerce

2.1 Definition

Der Begriff E-Commerce beschreibe den Handel von Waren und Dienstleitungen im Internet, „deren Transaktion, d. h. die Anbahnung, der Abschluss und die Abwicklung des Kaufs oder Verkaufs, über das Internet mithilfe interaktiver Informations- und Kommunikationstechnologien durchgeführt wird" (Deges, 2020, S. 2). Riehm et al. (2003) beschreibe mit E-Commerce all diejenigen Transaktionen, wo „der Austausch von wirtschaftlichen Gütern gegen Entgelt begründet wird und bei denen nicht nur das Angebot elektronisch offeriert, sondern auch die Bestellung (bzw. die Inanspruchnahme) elektronisch unter Verwendung interaktiver Medien ohne Medienbruch erfolgt". Aus diesem Grund wird oftmals der Begriff E-Commerce im Deutschen mit den Begriffen Onlinehandel, Internethandel oder Onlinevertrieb gleichgesetzt (vgl. Deges, 2020, S. 2). Darüber hinaus ist der E-Commerce ein Teilbereich des sogenannten „E-Business", was im Vergleich zum Onlinevertrieb den Handel aller computergestützten wirtschaftlichen Tätigkeiten meint (vgl. Riehm et al., 2003, S. 35). Derweil das Konzept E-Business als großes Ganzes „unternehmensinterne als auch -übergreifende Geschäftsprozesse umfassen kann, konzentriert sich E-Commerce im Wesentlichen auf Handelstransaktionen zwischen mehreren Geschäftspartnern über das Internet" (Aichele und Schönberger, 2016, S. 36 f.). Das Geschäftsmodell des E-Commerce umfasse demnach „die Anbahnung, Aushandlung und/oder Abwicklung von Geschäftstransaktionen über Netzwerke" (Engelhardt und Magerhans, 2019, S. 23). Ziel des E-Commerce sei es, „Kauf- und Geschäftsprozesse zu vereinfachen oder auch bequemer und schneller abzuwickeln" (Engelhardt und Magerhans, 2019, S. 23).

2.2 Entwicklungshistorie

Anfang der 1960er-Jahre war der Onlinehandel nicht existent, jedoch gab es bereits Infrastrukturen, die den Austausch von Daten ermöglichten (vgl. Engelhardt und Magerhans, 2019, S. 7). Beispielsweise wurde in Deutschland durch die Deutsche Bundespost das Bildschirmtextsystem (Btx) eingeführt, „welches über den Fernseher in Verbindung mit dem Telefon für Transaktionen genutzt werden konnte" (Schier, 2020, S. 15). Mit der Zahlungsmöglichkeit über die Telefonrechnung „waren alle Komponenten eines heutigen E-Commerce-Systems gegeben, jedoch waren die Darstellungsmöglichkeiten am Fernsehbildschirm äußerst begrenzt, das Angebot beschränkt und die Übertragungsraten gering" (Schier, 2020, S. 15). Dennoch wäre es möglich „Informationen über die Transaktionsgüter [...] mit der Nachrichtentechnik über weite Distanzen zu übermitteln" (Schier, 2020, S. 15). Durch das erkannte Potenzial des Informationsaustausches entwickelten sich die Informations- und Kommunikationstechnologien in einem stetig wachsenden Tempo fort (vgl. Deges, 2020, S. 6). Folgende Entwicklungen sorgten für den expansiven Ausbau der Informationstechnik (vgl. Riehm, 2004, S. 4 f.):

- die Leistungsverbesserungen in der Technik der Telekommunikation und des Computers und das Zusammenwachsen beider Bereiche zu großen, allgemein zugänglichen und weit verbreiteten Systemen vernetzter Computer;

- die sich ausbreitende Anwendung von (vernetzten) Computern im Geschäftsbereich;

- und die auf den Privatkunden und ein Massenpublikum zielenden elektronischen Online-Kommunikationssysteme.

Mit der Entwicklung des World Wide Web (WWW) durch Tim Berners-Lee sowie der textbasierten Auszeichnungssprache Hypertext Markup Language (HTML) und des Hypertext Transfer Protocol (HTTP) in den 1990er-Jahren wurden die ersten Meilensteine für die Nutzung von grafischen Oberflächen (Browser) und des Internets erreicht (vgl. Deges, 2020, S. 6). Aufgrund der steigenden Nutzerzahlen wurde eine kommerzielle Nutzung des Internets durch neue Unternehmensgründungen unter der Bezeichnung *New Economy* geschaffen (vgl. Deges, 2020, S. 6). Neben der Kommerzialisierung des Internets seien im Jahr 1995 „die ersten großen Suchmaschinen im Internet entstanden und viele der bedeutenden E-Commerce-Unternehmen gegründet wurden", darunter das Online-Warenhaus *Amazon* sowie das Online-Auktionshaus *eBay* (Riehm, 2004, S. 6 f.). In der zweiten Hälfte der 1990er-Jahre führte der schnelle Börsengang vieler Unternehmen der New Economy „zur Entstehung eines Börsen-Hypes, dem Dotcom-Boom" (Deges, 2020, S. 6). Durch diesen Hype ist um die Jahrtausendwende die sogenannte Dotcom-Spekulationsblase geplatzt, wodurch viele kleinere Unternehmen wie Start-ups immense Verluste erleiden mussten (vgl. Deges, 2020, S. 6 f.). Aufgrund der schlechten finanziellen Umstände war man gezwungen bereits etablierte Geschäftsmodelle zu hinterfragen und sich als Unternehmen neu aufzustellen, um konkurrenzfähig zu bleiben (vgl. Engelhardt und Magerhans, 2019, S. 7). Folglich haben Unternehmen aus den Fehlern des Dotcom-Booms gelernt und es habe sich in den Folgejahren „wieder eine neue Start-up-Welle mit einer hohen Gründungsdynamik etabliert" (Deges, 2020, S. 7). Hinsichtlich der Umsätze im B2C-E-Commerce zeigte das Platzen der Dotcom-Blase fast keine Auswirkung auf den deutschen E-Commerce, „insofern die Umsätze 12 Jahre in Folge im zweistelligen Bereich anstiegen" (Schier, 2020, S. 17). Mit der wachsenden Dynamik und Nutzung der Internetökonomie sei das Web „zum ersten interaktiven Massenmedium geworden und bietet auch als nun wirtschaftlich geprägter Kosmos die Grundlage für den eCommerce" (Engelhardt und Magerhans, 2019, S. 7). Eine Studie von Bitkom aus dem Jahr 2020 zeigt, dass 94 Prozent aller Internetnutzer online einkaufen - das entspricht einer Zahl von 55 Millionen Bundesbürgern (vgl. Bitkom, 2020). Im 21. Jahrhundert zeichnet sich der Erfolg von Geschäftsmodellen durch das Sammeln von Daten mittels Big Data und Data Mining aus (vgl. Engelhardt und Magerhans, 2019, S. 8 f.). Im Wesentlichen geht es bei der Analyse der Daten darum seine Kunden möglichst genau zu kennen, um Beziehungen aufzubauen und zu monetarisieren (vgl. Engelhardt und Magerhans, 2019, S. 8 f.).

2.3   B2B versus B2C

Im E-Commerce spricht man heutzutage häufig von Geschäftsmodellen wie Business-to-Consumer (B2C) und Business-to-Business (B2B). Um diese Modelle zu definieren, gilt es zu verstehen, dass der Onlinehandel generell zwischen Unternehmen („business"), Privatpersonen („consumer") und die öffentliche Hand („government") unterscheidet (vgl. Riehm et al., 2003, S. 35). Das Konzept des B2B beschreibe den Onlinehandel von physischen Waren zwischen Unternehmen bzw. Organisationen, wobei B2B-Betreiber „in der Regel sowohl Hersteller bzw. Produzenten als auch Großhändler bzw. Produktionsverbindungshändler (PVH)" sein können (Heinemann, 2020, S. 1). Dabei reichen die Möglichkeiten des elektronischen Handels „von internetbasierten Handelsplattformen, über B2B-Marktplätze bis hin zur Integration von Kunden und Lieferanten in die unternehmensinternen Wertschöpfungsprozesse" (Aichele und Schönberger, 2016, S. 7). Beispielsweise kann dies der elektronische Kaufabschluss von Waren bei einem Lieferanten sein (vgl. Aichele und Schönberger, 2016, S. 7). Hingegen ist im B2C E-Commerce der Konsument immer eine Privatperson und der Verkäufer in der Regel der Einzelhandel (vgl.

Heinemann, 2020, S. 1). Der Handel von physischen sowie digitalen Gütern im B2C werde vorrangig über Online-Shops durchgeführt, „über denen der Vertrieb der Waren und Dienstleistungen realisiert wird" (Aichele und Schönberger, 2016, S. 7). Im B2C-Geschäftsmodell ist es daher üblich, dass das Angebot durch elektronische Warenkataloge geprägt ist und die Nachfrager ihre Produkte aussuchen und zu einem Festpreis erwerben können (vgl. Riehm et al., 2003, S. 40). Ein Beispiel dafür sei „das Unternehmen *Amazon*, das den Kunden neben physischen Produkten, wie bspw. Bücher oder Kleidung, auch digitale Produkte, wie bspw. Videos oder Musik, anbietet" (Aichele und Schönberger, 2016, S. 7). Darüber hinaus sind im B2C Online-Auktionen wie bei *eBay* möglich, bei denen in erster Linie gebrauchte Güter gehandelt und die Preise durch Gebote der Nachfrager gebildet werden (vgl. Riehm et al., 2003, S. 40). Mit Blick auf den Datenschutz ist es wichtig zu erwähnen, dass E-Commerce Unternehmen über Unmengen an Daten verfügen, die gesammelt und ausgewertet werden (vgl. Schier, 2020, S. 22). Für den B2C-E-Commerce eröffne sich dadurch die Möglichkeit „ein auf Zielgruppen optimiertes Produktportfolio zu gestalten, um spezifischen Bedürfnissen entgegenzukommen und besser skalieren zu können" (Schier, 2020, S. 23). Mit den Möglichkeiten die Big Data Technologien bieten ist es möglich die Konkurrenzfähigkeit zu erweitern und es kann stets eine Marktanpassung erfolgen (vgl. Schier, 2020, S. 23). Aufgrund dessen, dass ein Kunde mit seinem Verhalten beim Online-Shopping seine Daten meist unfreiwillig preisgebe und der Kunde in den erklärten Datenschutzbestimmungen nur grob aufgeklärt werde, „ist wenigen Nutzern bewusst, welche Daten (im Hintergrund) erhoben werden und wofür diese verwendet werden" (Schier, 2020, S. 23). Aus diesem Grund sollen im nächsten Kapitel die Regelungen für den Schutz von personenbezogenen Daten ergründet werden. Doch zunächst folgt die Behandlung der rechtlichen Grundlagen im E-Commerce.

2.4 Rechtliche Grundlagen

Grundsätzlich kommt im E-Commerce das Fernabsatzrecht zum Einsatz, das „diejenigen Bestimmungen des Bürgerlichen Gesetzbuches (BGB) umfasst, in denen der Distanzhandel zwischen Unternehmern und Verbrauchern" geregelt sei, wobei immer ein Fernabsatzvertrag zustande kommt (Datenschutzkanzlei, 2020, S. 5). Ein Fernabsatzvertrag in diesem Sinne ist dabei jeder Vertrag, bei dem der Unternehmer oder eine in seinem Namen oder Auftrag handelnde Person und der Verbraucher für die Vertragsverhandlungen und den Vertragsschluss ausschließlich Fernkommunikationsmittel verwenden, es sei denn, dass der Vertragsschluss nicht im Rahmen eines für den Fernabsatz organisierten Vertriebs- oder Dienstleistungssystems erfolgt (§ 312c Abs. 1 BGB). Beispielsweise kann dies ein Kaufabschluss von Gütern in Online-Shops sein. Wenn der Vertragsschluss im Internet auf Grundlage von vorformulierten Vertragsbedingungen erfolge, „die der Anbieter als festen Bestandteil seines Leistungsangebotes vorgibt, ist für solche Allgemeine Geschäftsbedingungen (AGB) der Anwendungsbereich der §§ 305 ff. BGB eröffnet", wobei Gemäß § 305 Abs. 2 BGB die AGB nur dann Bestandteil eines Vertrags werden, wenn

- der Verwender bei Vertragsschluss die andere Vertragspartei auf die AGB ausdrücklich hinweist,

- der anderen Vertragspartei die Möglichkeit verschafft wird, in zumutbarer Weise von ihrem Inhalt Kenntnis zu nehmen und

- wenn die andere Vertragspartei mit ihrer Geltung wenigstens stillschweigend einverstanden ist. (vgl. Hetmank, 2016, S. 77)

Bei einem Online-Shop komme also erst ein Vertag zustande, „wenn der Betreiber des Online-Shops das Angebot des Bestellers annimmt, wobei grundsätzlich auch automatisch generierte E-Mails Willenserklärungen im Sinne des BGB sein können" (Hetmank, 2016, S. 5). Des Weiteren ist dem Verbraucher nach dem Fernabsatzrecht ein Widerrufsrecht einzuräumen (§ 312g BGB und §§ 355 ff. BGB), welches den Kunden die Möglichkeit gebe, „den abgeschlossenen Vertrag innerhalb von vierzehn Tagen nach der Lieferung ohne Angabe von Gründen zu widerrufen. In bestimmten Fällen kann das Widerrufsrecht allerdings ausgeschlossen werden" (Datenschutzkanzlei, 2020, S. 5). Außerdem müssen E-Commerce-Unternehmen nach § 312d Abs.1 BGB in Verbindung mit Art. 246a EGBGB und § 312i BGB in Verbindung mit Art. 246c EGBGB und § 312j BGB Informationspflichten beachten, sodass „die Kunden eine vernünftige und informierte Entscheidung über den Erwerb einer Ware treffen können" (Datenschutzkanzlei, 2020, S. 5). Im B2C-Onlinehandel gehören zu den Informationspflichten z.b. die wesentlichen Eigenschaften der Waren, die Identität der Kunden und eine Kontaktadresse, der Preis der Waren, verfügbare Zahlungsmittel und Lieferbeschränkungen, Beschwerde- und Rechtsbehelfsverfahren etc. (vgl. Datenschutzkanzlei, 2020). Eine weitere Regelung für E-Commerce-Unternehmen ist das Telemediengesetz (TMG), das am 1. März 2007 in Kraft getreten ist und die „rechtlichen Rahmenbedingungen für sogenannte Telemedien in Deutschland" festlege (Deges, 2020, S. 24). Telemedien sind elektronische Informations- und Kommunikationsdienste, wie Online-Shops, wobei im Kontext des E-Commerce drei Regelungsbereiche des TMG besonders relevant sind (vgl. Deges, 2020, S. 25):

- Allgemeine Informationspflichten eines Telemediendiensteanbieters, die sogenannte Impressumpflicht (§ 5 Abs. 1 TMG)

- Die Unterrichtung über Art, Zweck und Umfang der Erhebung, Verwendung und Verarbeitung personenbezogener Daten (§ 13 TMG), spezifiziert als Bestandsdaten (§ 14 TMG) und Nutzungsdaten (§ 15 TMG)

- Die eindeutige Absender- und Inhaltekennzeichnung bei „kommerzieller Kommunikation", beispielsweise beim Einsatz von Werbe-E-Mails im Rahmen von Online-marketing (§ 6 TMG)

3 Datenschutz im E-Commerce

3.1 Datenschutzrecht

Neben dem Fernabsatzrecht, Telemediengesetz und Informationspflichten gilt das Datenschutzrecht im E-Commerce. Weil personenbezogene Daten in Online-Shops verarbeitet werden müssen, „greifen hier die datenschutzrechtlichen Regelungen der Datenschutz-Grundverordnung (DSGVO) und des Bundesdatenschutzgesetzes (BDSG)" (Datenschutzkanzlei, 2020, S. 5). Die Datenschutz-Grundverordnung (DSGVO) der Europäischen Union ist am 24. Mai 2016 in kraft getreten und gibt seit dem 25. Mai 2018 einen einheitlichen Rahmen für den Datenschutz vor und gelte „im Gegensatz zur Richtlinie 95/46/EG des Europäischen Parlaments und des Rates vom 27.04.1995 zum Schutz natürlicher Personen bei der Verarbeitung personenbezogener Daten und zum freien Datenverkehr", unmittelbar für alle EU-Mitgliedstaaten (Heinemann, 2022, S. 422). Ein einheitlicher Rechtsrahmen solle „insbesondere Konzernen, die auf dem ganzen Globus Geschäfte machen, erschweren, Firmen in den Ländern zu errichten, die das niedrigste Schutzniveau für personenbezogene Daten und/oder das größte Vollzugsdefizit der Aufsichtsbehörde aufweisen„

(Wewer, 2020, S. 6). Die DSGVO enthalte „an vielen Stellen Öffnungs- und Konkretisierungsklauseln, d.h. solche Klauseln, die es den Mitgliedstaaten erlauben, abweichende, ergänzende oder konkretisierende Regelungen aufrecht zu erhalten oder solche zu schaffen", jedoch ist sie in all ihren Teilen verbindlich (Specht-Riemenschneider et al., 2020, S. 185). Das Bundesdatenschutzgesetz (BDSG), das im Jahr 2017 parallel zur DSGVO verabschiedet wurde, „ist eine solche Ergänzung und Konkretisierung für den deutschen Rechtsraum" (Weber et al., 2022, S. 313). Das BDSG regele zusammen mit den Datenschutzgesetzen den Umgang mit personenbezogenen Daten, „die in Informations- und Kommunikationssystemen automatisch oder manuell erhoben oder genutzt werden, wobei die Vorschriften nicht nur für die Erhebung und Nutzung von Kundendaten, sondern beispielsweise auch für die Datenverkehrsanalyse von Webseiten z.B. durch sog. „Cookies" [...] verwendet werden" (Hetmank, 2016, S. 5). Wichtig zu erwähnen ist, dass der Anwendungsbereich der DSGVO sich auch auf Telemedien erstreckt und generell Vorrang vor dem Telemediengesetz hat. Dies bedeute, „dass die DSGVO das TMG (wie auch das BDSG) seit dem 25. Mai 2018 weitgehend ersetzt" (Digital Guide IONOS, 2022a). Darüber hinaus solle ein „Proposal for a Regulation of the European Parliament and of the Council concerning the respect for private life and the protection of personal data in electronic communications and repealing Directive 2002/58/EC (Regulation on Privacy and Electronic Communications)" vom 5. Dezember 2017 (2017/0003 [COD]), die 2019 in Kraft treten, aber nach dem Vorschlag des Europäischen Parlaments eine mindestens einjährige Übergangsfrist enthalten soll (E-Privacy-Verordnung), die Grundsätze der DSGVO auf die elektronische Kommunikation übertragen (Wewer, 2020, S. 6).

3.2 Verarbeitung personenbezogener Daten

„Im E-Commerce, wo tagtäglich verschiedenste Transaktionen durchgeführt werden, fragen die Anbieter häufig nach den Daten ihrer Kunden. Doch viele Nutzer haben Bedenken, personenbezogene Daten preiszugeben, und das aus gutem Grund: Viel zu oft werden hochsensible Informationen missbraucht, unrechtmäßig zu Werbezwecken genutzt oder gar an Dritte weitergegeben" (Digital Guide IONOS, 2022a). Es sei also von besonderer Bedeutung personenbezogene Daten im E-Commerce nach den datenschutzrechtlichen Regelungen der DSGVO und des BDSGs vertraulich zu behandeln und zu schützen. Aus einer Studie der Unternehmensberatung *Accenture* aus dem Jahr 2018 gehe hervor, dass „38 Prozent der Verbraucher im vergangenen Jahr bei einem Anbieter abgesprungen sind, weil sie kein Vertrauen in dessen Datenschutz hatten" (Gassmann, 2018). Eine weitere Studie von *GetApp* zum Datenschutz im Online-Shopping aus dem Jahr 2022 zeigt, dass sich 28 Prozent der Kunden im Vergleich zum Vorjahr mehr Gedanken zu den Datenschutzpraktiken von Online-Unternehmen machen und mehr Klarheit darüber haben wollen, wie Unternehmen ihre persönliche Daten verwenden (vgl. Pavlakoudis, 2022). Außerdem halten 94 Prozent der Befragten Datenschutzgesetze für notwendig und 20 Prozent glauben, dass Deutschland kein umfassendes Datenschutzgesetz hat (vgl. Pavlakoudis, 2022). Die Ergebnisse beider Studien zeigen die fehlende Transparenz bei der Verarbeitung personenbezogener Daten im deutschen Onlinehandel. Um über die Datenschutzpraktiken von E-Commerce-Unternehmen aufzuklären, muss zunächst geklärt werden, was personenbezogene Daten sind. Hierzu gehören laut Art. 4 Nr. 1 DSGVO alle Informationen, die sich auf eine identifizierte oder identifizierbare natürliche Person beziehen und Ausdruck ihrer physischen, physiologischen, genetischen, psychischen, wirtschaftlichen, kulturellen oder sozialen Identität sind. Dazu gehören unter anderem, aber nicht ausschließlich (vgl. Digital Guide IONOS, 2022a):

- Name, Geburtsdatum, Adresse, Staatsangehörigkeit

- Versicherungsnummern

- Bankdaten

- IP-Adressen, Cookies, GPS-Standortdaten

- Geschlecht, Haut-, Haar-, Augenfarbe

- Besitztümer

- Online-Kundendaten

- Bildungs- und Berufszeugnisse

Hierbei gilt es noch zu erwähnen, dass dynamische IP-Adressen erst seit der Entscheidung des Bundesgerichtshofs (BGH) am 16. Mai 2017 ebenfalls personenbezogene Daten sind, da sie sich auf eine bestimmbare natürliche Person beziehen (vgl. Schier, 2020, S. 26). Deren Speicherung habe „somit den datenschutzrechtlichen Bestimmungen standzuhalten [...]" (Bühlmann und Metin, 2018, S. 9). Im E-Commerce heißen die zu verarbeitenden Daten auch Bestands- und Nutzungsdaten. Zu den Bestandsdaten gehören z.b. Name und Adresse, wohingegen Nutzungsdaten durch die Inanspruchnahme von Telemediendiensten entstehen und die z.b. die Daten zur Identifikation des Nutzers betrifft (vgl. Deges, 2020, S. 26). Im Bundesdatenschutzgesetz (BDSG) seien personenbezogene Daten „Einzelangaben über persönliche oder sachliche Verhältnisse einer bestimmten oder bestimmbaren natürlichen Person (§ 3 Abs. 1 BDSG), wie etwa deren Name und Adresse" (Hetmank, 2016, S. 163). Es lässt sich daraus schließen, dass personenbezogene Daten immer direkt oder indirekt in Verbindung mit einer natürlichen Person gebracht werden können (vgl. Digital Guide IONOS, 2022a). Bei der Verarbeitung personenbezogener Daten gibt es Pflichten für Unternehmen. Eine davon besteht darin, dass sie in der Regel, sofern mehr als 20 Mitarbeiter mit diesen Daten beschäftigt sind oder es sich um eine automatisierte Verarbeitung handelt, einen Datenschutzbeauftragten bestellen müssen (§ 4f BDSG) (vgl. Datenschutz.org, 2022b). Hinzu haben alle betroffenen Personen ein Auskunftsrecht (§§ 19 und 34 BDSG) und ein Recht auf Berichtigung, Löschung oder Sperrung ihrer Daten (§§ 20 und 35 BDSG) (vgl. Datenschutz.org, 2022b). Gemäß dem BDSG sind zum Schutz personenbezogener Daten folgende Maßnahmen zu treffen (vgl. Schier, 2020, S. 36):

- **Zutrittskontrolle**: Verwehrung des Zutritts für Unbefugte zu Datenverarbeitungsanlagen, mit denen personenbezogene Daten verarbeitet oder genutzt werden.

- **Zugangskontrolle**: Es ist zu gewährleisten, dass personenbezogene Daten bei der elektronischen Datenübertragung nur an zulässige Empfänger der Daten weitergegeben werden und dies auf sicheren Übertragungswegen geschieht.

- **Zugriffskontrolle**: Es muss sichergestellt werden, dass Berechtigte im Rahmen ihrer Tätigkeit ausschließlich auf solche Daten zugreifen können, die sie zur Erfüllung ihrer Tätigkeit benötigen. Außerdem ist zu berücksichtigen, dass die personenbezogenen Daten bei der Speicherung, Verarbeitung und Nutzung nicht unbefugt gelesen, kopiert, verändert oder entfernt werden können.

- **Weitergabekontrolle**: Es ist zu gewährleisten, dass personenbezogene Daten bei der elektronischen Datenübertragung nur an zulässige Empfänger der Daten weitergegeben werden und dies auf sicheren Übertragungswegen geschieht.

- **Eingabekontrolle**: Hierbei soll die nachträgliche Überprüfbarkeit und Feststellung gewährleistet werden, ob und von wem personenbezogene Daten in Datenverarbeitungssystemen eingegeben, verändert oder entfernt worden sind.

- **Auftragskontrolle**: Hier soll die weisungsgemäße Durchführung der personenbezogenen Auftragsdatenverarbeitung gewährleistet werden.

- **Verfügbarkeitskontrolle**: Es ist zu gewährleisten, dass personenbezogene Daten vor Verlust und zufälliger Zerstörung geschützt werden sollen.

- **Zweckbindung**: Es ist zu gewährleisten, dass personenbezogene Daten nur für den bestimmten Zweck verarbeitet werden, für den sie auch erhoben worden sind.

In der Praxis werde dies von Onlinehändlern „in Form einer entsprechenden Datenschutzerklärung im Online-Shop umgesetzt, welcher der Nutzer zu Beginn des Nutzungsvorgangs zustimmen muss", insofern ohne diese Zustimmung eine Nutzung des Angebots des Online-Shops für den Nutzer nicht wahrgenommen werden kann (Schier, 2020, S. 36). Außerdem erlaube § 28 Abs. 3 BDSG „die Nutzung personenbezogener Daten für Zwecke der Werbung nur, soweit der Betroffene einwilligt" und die Einwilligung den Vorgaben des § 4a Abs. 1 S. 4 BDSG entsprechen (Hetmank, 2016, S. 166). Die Einwilligung sei demnach nur wirksam, „wenn sie auf der freien Entscheidung des Betroffenen beruht" (Hetmank, 2016, S. 163). Generell gilt also ein „Verbot mit Erlaubnisvorbehalt" bei der Verarbeitung personenbezogener Daten im E-Commerce (vgl. Digital Guide IONOS, 2022a). Dies gelte vor allem bei der Verarbeitung sensibler Daten „für die eine explizite Erlaubnis der jeweiligen Nutzers eingeholt werden muss" (Digital Guide IONOS, 2022a). Zu diesen Daten gehören „personenbezogene Daten, aus denen die rassische und ethnische Herkunft, politische Meinungen, religiöse oder weltanschauliche Überzeugungen oder die Gewerkschaftszugehörigkeit hervorgehen, sowie die Verarbeitung von genetischen Daten (Art. 4 Nr. 13 DSGVO), biometrischen Daten (Art. 4 Nr. 14 DSGVO), Gesundheitsdaten und Daten zum Sexualleben bzw. der sexuellen Orientierung, Art. 9 Abs. 1 DSGVO" (Specht-Riemenschneider et al., 2020, S. 3). Um persönliche Daten schützen zu können, bedürfe es der Einhaltung „allgemeiner, organisatorischer sowie geeigneter technischer Maßnahmen, um sicherzustellen und den Nachweis dafür erbringen zu können, dass die Verarbeitung der personenbezogenen Daten gemäß der DSGVO (maßgeblich nach den Art. 24–43 DSGVO), vgl. Art. 24 Abs. 1 DSGVO" und nach § 22 BDSG erfolgen (Specht-Riemenschneider et al., 2020, S. 197). Einiger dieser Maßnahmen sind in Art. 32 Nr. 1 DSGVO zu finden nämlich (vgl. Specht-Riemenschneider et al., 2020, S. 197):

- die Pseudonymisierung und Verschlüsselung personenbezogener Daten;

- die Fähigkeit, die Vertraulichkeit, Integrität, Verfügbarkeit und Belastbarkeit der Systeme und Dienste im Zusammenhang mit der Verarbeitung auf Dauer sicherzustellen;

- die Fähigkeit, die Verfügbarkeit der personenbezogenen Daten und den Zugang zu ihnen bei einem physischen oder technischen Zwischenfall rasch wiederherzustellen;

- ein Verfahren zur regelmäßigen Überprüfung, Bewertung und Evaluierung der Wirksamkeit der technischen und organisatorischen Maßnahmen zur Gewährleistung der Sicherheit der Verarbeitung.

Weil personenbezogene Daten adäquat behandelt werden müssen und schützenswert sind, definiert die DSGVO in Art. 5 DSGVO Anforderungen für die Verarbeitung personenbezogener Daten in folgenden Grundsätzen (vgl. Deges, 2020, S. 21):

- **Rechtmäßigkeit, Verarbeitung nach Treu und Glauben, Transparenz**: Personenbezogene Daten müssen in einer nachvollziehbaren Weise verarbeitet werden. Nach Art. 15 DSGVO hat jede Person ein Auskunftsrecht über seine vom Unternehmen gespeicherten personenbezogenen Daten. Für die Datenverarbeitung dürfen nach Art. 6, Absatz 1 DSGVO personenbezogene Daten an Dritte weitergegeben werden, beispielsweise an einen Logistikdienstleister, wenn dies zur Erfüllung der vertraglichen Pflichten aus dem Kaufvertrag zwingend erforderlich ist.

- **Zweckbindung**: Personenbezogene Daten dürfen nur für festgelegte, eindeutige und legitime Zwecke verarbeitet werden. Der Zweck der Datenverarbeitung muss bereits zum Zeitpunkt der Erhebung feststehen und für den Verbraucher klar und unmissverständlich zum Ausdruck gebracht werden. Unerlässlich ist beispielsweise die Erhebung der postalischen Adresse für den Versand der Bestellung durch den Onlinehändler. Die Erhebung einer E-Mail- Adresse ist erforderlich für den Versand einer Bestellbestätigung.

- **Datenminimierung**: Die Erhebung und Verarbeitung personenbezogener Daten muss dem Zweck angemessen und auf das notwendige Maß beschränkt sein. Der noch im Bundesdatenschutzgesetz (BDSG) festgeschriebene Grundsatz der Datensparsamkeit wird hiermit durch den Grundsatz der zweckbezogenen Datenminimierung ersetzt.

- **Richtigkeit**: Sachlich unrichtige personenbezogene Daten sind unverzüglich zu löschen oder zu berichtigen.

- **Speicherbegrenzung**: Personenbezogene Daten dürfen nicht länger gespeichert werden, wie es für die Zwecke, für die sie verarbeitet werden, erforderlich ist. Art. 17 DSGVO regelt zudem explizit das „Recht auf Vergessenwerden". Eine Person hat das Recht, die Löschung aller sie betreffenden Daten zu fordern, wenn die Gründe für die Datenspeicherung entfallen.

- **Integrität und Vertraulichkeit**: Eine angemessene Sicherheit zum Schutz vor unbefugter oder unrechtmäßiger Verarbeitung, Verlust, Zerstörung oder Schädigung ist zu gewährleisten.

- **Rechenschaftspflicht**: Das Unternehmen muss gegenüber Aufsichtsbehörden nachweisen können, alle Vorgaben der DSGVO einzuhalten. Aus diesem Grund müssen die getroffenen rechtlichen, technischen und organisatorische Maßnahmen zur Sicherstellung des Datenschutzes genauestens dokumentiert und archiviert werden (IHK Rhein-Neckar, o.J.).

Sollten E-Commerce-Unternehmen genannte Datenschutzregelungen missachten, drohen „hohe Geldbußen von bis zu 20 Millionen Euro oder 4 Prozent des weltweiten Jahresumsatzes [...] (Art. 83 Abs. 5 DSGVO)" (Digital Guide IONOS, 2022a). Ergänzend zu den in Art. 83 DSGVO vorgeschriebenen Sanktionen, welche von den Aufsichtsbehörden bei Verstößen verhängt werden können, wurden auch im BDSG-neu Sanktionsvorschriften gemacht, nämlich mit § 42 Strafvorschriften (vgl. Datenschutz.org, 2022a). In Deutschland seien nach dem BDSG-neu neben Geldstrafen auch Freiheitsstrafen von bis zu zwei Jahren möglich, „wenn personenbezogene Daten ohne Berechtigung verarbeitet oder durch unrichtige Angaben erschlichen werden und hierbei die Absicht einer Schädigung oder Bereicherung vorliegt" (Datenschutz.org, 2022a). Onlinehändler müssen mit einer Freiheitsstrafe von bis zu drei Jahren oder einer Geldstrafe rechnen, wenn „personenbezogene Daten einer großen Zahl von Personen ohne Berechtigung an Dritte übermittelt oder anderweitig zugänglich macht" (Datenschutz.org, 2022a). Hiermit wurde erläutert, was personenbezogene Daten sind, welchen Pflichten die Onlinehändler bei der Verarbeitung personenbezogener Daten nachkommen müssen und welche Strafen eine Missachtung der Datenschutzregelungen zur Folge hat. Nun stellt sich die Frage, wie Onlinehändler und Onlineshopper persönliche Daten schützen können. Im Folgenden sollen auf die technischen Möglichkeiten der Absicherung personenbezogener Daten eingegangen werden.

3.3 Technischer Datenschutz

Zum Schutz der persönlichen Daten gebe es Verfahren wie die „Anonymisierung" und „Pseudonymisierung", welche E-Commerce-Unternehmen umsetzen müssen. Hier bei ist es wichtig zu wissen, dass es neben personenbezogenen Daten zudem nicht personenbezogene Daten gibt, die E-Commerce-Unternehmen verarbeiten können. Dazu gehören „anonymisierte" Informationen bei denen „keine Verbindung der Daten zu einer natürlichen Person (mehr)" bestehe (Voigt und von dem Bussche, 2018, S. 16). Wenn eine erfolgreiche Anonymisierung mittels verschiedenster Techniken erfolgt, ist die DSGVO nicht anwendbar, ErwGr 26 S. 5 DSGVO (vgl. Voigt und von dem Bussche, 2018, S. 16). In Anbetracht der sich rasant fortentwickelnden technischen Möglichkeiten sei eine Anonymisierung allerdings nur dann gegeben, „wenn die Wiederherstellbarkeit des Personenbezugs vollständig ausgeschlossen ist", was nur in den seltensten Fällen gegeben sein dürfte (Specht-Riemenschneider et al., 2020, S. 3). Noch problematischer für E-Commerce-Unternehmen wird es bei der Verarbeitung „pseudonymisierter" Daten, Art. 4 Nr. 5 DS-GVO, ErwGr 26 S. 2 DSGVO (vgl. Specht-Riemenschneider et al., 2020, S. 3). Bei einer Pseudonymisierung handelt sich um die Verarbeitung personenbezogener Daten in einer Weise, in der die Daten ohne Hinzuziehung zusätzlicher Informationen nicht mehr einer spezifischen betroffenen Person zugeordnet werden können (Art. 4 Nr. 5 DSGVO), welches erreicht werden könne, „indem der Name des Betroffenen oder andere Merkmale durch bestimmte Angaben ersetzt werden" (Voigt und von dem Bussche, 2018, S. 18). Für E-Commerce-Betreiber sei hierbei aber oft schwer auf Anhieb erkennbar, „ob bestimmte Daten direkt oder indirekt mit einer natürlichen Person in Verbindung gebracht werden können", weswegen die Kunden auch in solch einem Fall über die Datenerhebung in Kenntnis gesetzt und sie zu Beginn auf ihr Widerspruchsrecht hingewiesen werden müssen (Digital Guide IONOS, 2022a). Derweil erläutert wurde, was die Anonymisierung und Pseudonymisierung von Daten bedeutet und welchen Herausforderungen sich E-Commerce-Unternehmen bei der Umsetzung dieser Verfahren stellen müssen, ergibt sich die Frage, ob Onlineshopper sich auch selbst vor dem Diebstahl persönlicher Daten schützen können. Eine Studie vom Institut ibi research an der Universität Regensburg aus dem Jahr 2014 zeigt, dass ein Drittel der befragten Unternehmen (32,7 Prozent) bereits Erfahrungen mit Erpressung, Datendiebstahl oder gehackten Internetshops gemacht haben (vgl. WELT, 2014). Indessen wurden bei 19 Prozent der Befragten sensible Kundendaten entwendet, wobei die Dunkelziffer erheblich höher sein dürfte (vgl. WELT, 2014). Aus der Studie des Fachverbands deutscher Webseiten-Betreiber (FdWB) von 2020 geht hervor, dass 41 Prozent der befragten Unternehmen keine datenschutzgerechten Webseiten betreiben (vgl. Fachverbands deutscher

Webseiten-Betreiber, 2020). Es sei dabei wichtig „nicht nur Rechtssicherheit zu haben und der Gefahr von Abmahnungen zu entgehen, sondern vor allem auch zum Schutz vor immer weiter verbreiteten und professioneller durchgeführten CyberAngriffen, dem daraus resultierenden Diebstahl eigener und Kundendaten oder gar dem Gesamtverlust der eigenen Webseite [...]" (vgl. Fachverbands deutscher Webseiten-Betreiber, 2020). Weil persönliche Daten von den mangelnden Datenschutzpraktiken der Unternehmen Gefahren ausgesetzt sein können, müssen sich Onlineshopper zusätzlich technisch absichern, um den Schutz sensibler Daten gewährleisten zu können. Je sensibler Personendaten sind, desto besser sind sie zu schützen. Es sind folgende technische Schutzmaßnahmen von relevanter Bedeutung:

- **Moderne Internet-Browser**: Das Bundesamt für Sicherheit in der Informations-technik (BSI) weise „in dem Zusammenhang darauf hin, dass zum Schutz sensi-bler Daten moderne Internet-Browser verwendet werden sollen, welche über aktuelle Sicherheits- und Filtermechanismen, die vor schädlichen Webseiten, Phishing und Malware warnen, verfügen" (Märki, 2019, S. 17).

- **Sicherheitssoftware**: Es könnte sinnvoll sein Software mit Firewall, Webschutz, Spam-Filter und weiteren Schutztechnologien – nicht nur für den PC, sondern auch für Smartphones zu installieren, die immer auf dem aktuellsten Stand sein sollten, um schnellstmöglich bekannte Sicherheitslücken zu schließen (vgl. G-DATA, o.J.).

- **Sichere Webseiten besuchen**: Eine sichere Webseite sei daran zu erkennen, wenn „in der Adressen-Zeile des Browsers ein „s" hinter dem „http", und das kleine „Vor-hängeschloss" im unteren Bereich des Browsers [...]" zu finden ist (verbraucher-zentrale, 2021). Hierfür gibt es Programme wie z.B. Trusted path, die Nutzer da-bei unterstützen unsichere und sichere Verbindungen voneinander zu unterscheiden (Märki, 2019, S. 18).

- **Verschlüsselte Internetverbindung**: Wenn beim Onlineshopping eine WLAN-Verbindung zum Einsatz komme „besagt ein weiterer Hinweis des BSI, diese immer mit Verschlüsselungsstandard WPA2 zu verschlüsseln„ und auf die Empfehlungen des BSI z.B. beim Einrichten eines solch sicheren WLANs oder bei Browserkonfigu-rationen zu achten (Märki, 2019, S. 18).

- **Inkognito-Modus**: Eine weitere Methode, weniger persönliche Daten zu teilen, ist die Verwendung des Inkognito-Modus. Hierbei wird weder ein Browserverlauf ange-legt noch werden Cookies dauerhaft gespeichert, sondern nach der Schließung einer Sitzung wieder gelöscht. Die GetApp Studie zeigt, dass 55 Prozent der Teilnehmer, ihn genutzt haben, wenn sie online einkaufen, und 11 Prozent wussten nicht einmal, was der Inkognito-Modus ist (Pavlakoudis, 2022).

- **Authentifizierung via TAN bei Kreditkartenzahlung**: Je nach Vorgabe der kartenausgebenden Bank muss entweder per SMS-TAN in Verbindung mit einem Passwort, über das Onlinebanking bzw. über entsprechende Apps eine Kreditkar-tenzahlung in Onlineshops erfolgen, denn bei einer manuellen Eingabe von Bankin-formationen ist die Gefahr groß, dass diese gestohlen werden. Bei der Zwei-Faktor-Authentifizierung könne dann „zur Freigabe der Zahlung mit zwei Faktoren auch teilweise biometrische Verfahren wie Fingerabdruck oder Gesichtserkennung verwen-det werden" (bankenverband, 2021).

3.4 E-Privacy-Verordnung und Direktmarketing

Die e-Privacy-Verordnung solle „die bereits verabschiedete und zum 25. 5. 2018 in Kraft tretende Datenschutzgrundverordnung als *lex specialis* ergänzen und zugleich die Datenschutzrichtlinie für elektronische Kommunikation 2002/58/EG ("E-Privacy-Richtlinie") ablösen (Rauer, 2017). Die Verordnung regele „im Schwerpunkt die Vertraulichkeit der Kommunikation (Fernmeldegeheimnis), die Verarbeitung von Kommunikationsdaten (bisher Verkehrsdaten) und das Speichern und Auslesen von Informationen auf Endeinrichtungen (z.B. Cookies)" (Bundesbeauftragte für den Datenschutz und die Informationsfreiheit, o.J.). Im Kern gehe es um die „Achtung des Privatlebens und die Wahrung der Vertraulichkeit der Kommunikation im digitalen Umfeld", wobei der Anwendungsbereich dabei über personenbezogene Daten hinaus auch anderweitige Daten erfasst, „an denen ein berechtigtes Vertraulichkeitsinteresse besteht" (Rauer, 2017). Die e-Privacy-Verordnung sei also auf „die Online-Kommunikation zugeschnitten und soll Verbrauchern mehr Transparenz und Sicherheit ihrer Daten bieten, insbesondere in Bezug auf die im Hintergrund übermittelten Daten" (Pavlakoudis, 2022). Das Inkrafttreten der e-Privacy-Verodnung sollte zeitgleich mit der Geltungserlangung der DSGVO realisiert werden, jedoch ist die Verordnung bis dato nicht umgesetzt worden (vgl. Specht-Riemenschneider et al., 2020, S. 206f.). Die e-Privacy-Verordnung dürfe „unter keinen Umständen das Schutzniveau der derzeitigen Datenschutzrichtlinie für elektronische Kommunikation (E-Privacy-Richtlinie) senken, sondern sollte die DSGVO durch zusätzliche, starke Garantien für die Vertraulichkeit und den Schutz aller Arten von elektronischer Kommunikation ergänzen" (European Data Protection Board, 2021). Unter die elektronischen Kommunikationsdienste, die die e-Privacy-Verordnung regeln soll, fallen Internetzugangsdienste, interpersonelle Kommunikationsdienste sowie Dienste, die ganz oder überwiegend in der Übertragung von Signalen bestehen (vgl. Rammos und Harttrumpf, 2021). Auch M2M, VoIP und das IoT unter-fallen somit grundsätzlich der e-Privacy-Verordnung (vgl. Rammos und Harttrumpf, 2021). Daneben enthält die e-Privacy-Verordnung auch Vorschriften betreffend (vgl. Rammos und Harttrumpf, 2021):

- Informationen zu und auf Endgeräten von Nutzern (insbesondere Cookies),
- die Bereitstellung öffentlich zugänglicher Verzeichnisse der Nutzer elektronischer Kommunikationsdienste sowie
- das Übermitteln von Direktwerbung an Endnutzer mittels elektronischer Kommunikation.

Die e-Privacy-Verordnung hat als Spezialgesetz gegenüber der DSGVO Vorrang, wobei deren Bestimmungen die DSGVO durch spezifischere Vorschriften ergänzen und präzisieren (vgl. Rammos und Harttrumpf, 2021). In Deutschland gelte zudem seit dem 1. Dezember 2021 das Telekommunikation-Telemedien-Datenschutz-Gesetz (TTDSG), was „u.a. Vorschriften, die der harmonisierenden Umsetzung der e-Privacy-Richtlinie aus dem Jahr 2002 dienen", enthalte (Rammos und Harttrumpf, 2021). Das TTDSG schaffe „mehr Rechtssicherheit und Rechtsklarheit zum Schutz der Privatsphäre in der digitalen Welt" und enthalte die „Datenschutzbestimmungen in der Telekommunikation und bei Telemedien", die aufgrund der europäischen Datenschutz-Grundverordnung und der e-Privacy-Richtlinie notwendig waren (Bundesministerium für Wirtschaft und Klimaschutz, 2021). In dem TTDS werden folgende Datenschutzbestimmungen geregelt (vgl. Bundesministerium für Wirtschaft und Klimaschutz, 2021):

- das Fernmeldegeheimnis in den §§ 3 bis 8 TTDSG (bisher §§ 88 - 90 TKG); neu ist in § 4 TTDSG eine Regelung zur Rechtsstellung von Erben und Personen in vergleichbarer Rechtsstellung zum Endnutzer,

- die erlaubte Verarbeitung von Verkehrs- und Standortdaten in den §§ 9 bis 13 TTDSG (bisher §§ 96 ff TKG),

- im Zusammenhang mit rufnummerngebundenen Diensten die Mitteilung ankommender Verbindungen, die Unterdrückung der Anzeige der Rufnummer und die automatische Anrufweiterschaltung in den §§ 14 bis 16 TTDSG (bisher §§ 101 bis 103 TKG),

- die Aufnahme in Endnutzerverzeichnisse und die Bereitstellung von Daten für Endnutzerverzeichnisse in den §§ 17 und 18 (bisher §§ 47, 104 und 105 TKG),

- im Hinblick auf Telemedien in den §§ 19 bis 24 die besonderen technischen und organisatorischen Vorkehrungen zum Schutz von Nutzerdaten (bisher in § 13 Absätze 4 bis 7 TMG), die Verarbeitung von personenbezogenen Daten Minderjähriger zum Zweck des Jugendschutzes (bisher § 14a TMG),die Auskunftserteilung über Bestandsdaten (bisher § 14 Absatz 2- 5) und die neuen Regelungen zur Bestandsdatenauskunft (bisher §§ 15a bis 15c TMG) und

- Straf- und Bußgeldvorschriften in den §§ 27 und 28 TTDSG.

Aus den Datenschutzbestimmungen der e-Privacy-Verordnung und des TTDSG wird deutlich, dass E-Commerce-Unternehmen sich neuen Pflichten und Herausforderungen bei der Verarbeitung personenbezogener Daten stellen müssen. Vor allem haben die neuen Regelungen Auswirkungen auf die Onlinemarketing-Branche, die eine große Rolle bei der Werbung von Produkten und Dienstleitungen spielen und zusätzliche Erlöse einbringen können (vgl. Bühlmann und Metin, 2018, S. 12). Für Onlinehändler bestehe „für werbefinanzierte Angebote die Notwendigkeit, Online-Werbung zielgruppenspezifisch platzieren zu können", wodurch eine „hinreichende Werbeeffektivität und damit Wettbewerbsfähigkeit auf dem Werbemarkt erzielt" werden könne (Bühlmann und Metin, 2018, S. 12). „Das Sammeln und Auswerten von, vor allem für das Direktmarketing relevanten Daten, wird allerdings mit der e-Privacy-Verordnung erheblich erschwert" (Heise, 2020). Der Begriff Direktmarketing umfasse „jede Art von Werbung, die über öffentlich zugängliche elektronische Kommunikationskanäle direkt an einen identifizierbaren Nutzer gesendet wird" (MLL News Portal, 2021). Dazu gehören beispielsweise Mittel wie automatisierte Anrufe, Instant-Messaging-Apps, E-Mails, SMS, MMS, Bluetooth und Fax (vgl. MLL News Portal, 2021). Dabei können die zu verarbeitenden Daten „mangels direkter Kundenbeziehungen der Werbepartner in ihrer Eigenschaft als reine Technologieanbieter zu Verbrauchern nicht durch zentrale Log-In-Prozesse eingeholt werden" (Kühling, 2019, S. 13). Infolgedessen sei die Zustimmung des Endnutzers „grundsätzlich vor dem Versenden von Marketingnachrichten einzuholen und ein Versenden von Direktmarketingnachrichten – ohne die vorherige Zustimmung des Endnutzers – ist nur unter den folgenden Voraussetzungen zulässig" (vgl. MLL News Portal, 2021):

- Das Unternehmen muss bereits über die Kontaktdaten des Endbenutzers aus einer bestehenden Kundenbeziehung verfügen und

- der Zweck der Kommunikation muss darin bestehen, ein eigenes ähnliches Produkt oder eine eigene ähnliche Dienstleistung anzubieten.

Hinzu soll die Verordnung insbesondere das Telefonmarketing stärker reglementieren. Der Vorschlag laute, „dass Telefonanrufe zu Werbezwecken nur dann erlaubt sind, wenn der Anrufende seine Rufnummer offenbart oder er einen verbindlichen Code verwendet, um zu signalisieren, dass es sich um einen Werbeanruf handelt" (Digital Guide IONOS, 2022b). Nach den Vorschlägen von der Kommission und dem Europäischem Parlament werde demnach „die im Bereich der Online-Werbung etablierten endgerätebezogenen Datenverarbeitungsmöglichkeiten vollständig auf die einwilligungsbasierte Verarbeitung reduziert" (Kühling, 2019, S. 14). Für die Onlinemarketing-Branche könnten mit den bevorstehenden neuen Regelungen werbefinanzierte Online-Medien in Gefahr sein und die freie Verfügbarkeit von Informationen im Internet könnte unterbunden werden (vgl. Digital Guide IONOS, 2022b). Nach einer vom BMWI in Auftrag gegeben Studie zu den Vorschlägen des Entwurfs der Kommission sei „in Deutschland kurzfristig mit einer Reduktion des gesamten digitalen Werbebudgets von etwa einem Drittel zu rechnen [...]" (Kühling, 2019, S. 13). Diesen Befund belegen auch durchgeführte Erhebungen des VDZ, insofern „die Umsatzverluste in besonderer Weise Online-Medienangebote betreffen werden", wobei „die Mehrheit der befragten Manager der Verlagshäuser und Vermarktungsspezialisten mit einem Umsatzverlust von über 30 Prozent im digitalen Werbegeschäft für journalistische Medien" rechnen (Kühling, 2019, S. 13f.).

4 Fazit

Mit der vorliegenden Hausarbeit sollten die gemeinsamen und unterschiedlichen Positionen der Experten bezüglich E-Commerce und dessen Datenschutz präsentiert werden. Mithilfe einer umfassenden argumentativen Analyse wurden diese Positionen gegenübergestellt und die Datenschutzregelungen bei der Verarbeitung personenbezogener Daten nach der Datenschutz-Grundverordnung (DSGVO) und dem Bundesdatenschutzgesetz (BDSG) dargestellt, um einen Erkenntnisgewinn darüber zu erzielen.

In der vorliegenden wissenschaftlichen Literatur beschreiben alle Autoren gemeinsam, dass E-Commerce ein elektronischer Handel ist, indessen eine Kauf- oder Verkaufsanbahnung oder ein -abschluss der Güter im Internet erfolgt. Aufgrund des Dotcom-Booms und der daraus wachsenden Dynamik des Internethandels haben sich um die Jahrtausendwende neuartige Geschäftsmodelle etabliert. Die bekanntesten sind Business-to-consumer (B2B) und Business-to-Business (B2B). B2B beschreibt den Handel zwischen Unternehmen, hingegen meint B2C den Handel zwischen einer Privatperson und einem Einzelhandel. Damit ein Vertrag im Distanzhandel zwischen Konsument und Händler zustande kommt, gelten Informationspflichten, die in den Allgemeinen Geschäftsbedingungen (AGB) niedergeschrieben sind, sowie das Fernabsatzrecht und Telemediengesetz. Weil E-Commerce-Betreiber personenbezogene Daten für Werbe- oder Verkaufszwecke benötigen, greifen zum Schutz dieser Daten die Regelungen der DSGVO und des BDSG.

Die DSGVO stellt die rechtlichen Rahmenbedingungen für den Datenschutz im europäischen Raum dar und das BDSG konkretisiert bestimmte Regelungen der DSGVO beim Umgang mit personenbezogenen Daten für Deutschland. Personenbezogene Daten beschreiben Informationen wie der Name und die Adresse und haben einen direkten oder indirekten Bezug zu einer natürlichen Person. Im E-Commerce sind diese Daten auch als Bestandsdaten bekannt. Hinzu gibt es Nutzungsdaten, die bei der Inanspruchnahme von Telemediendiensten wie z.B. IP-Adressen oder Passwörter, verarbeitet werden. Nach dem BDSG gilt ein Recht auf Auskunft über die Verarbeitung personenbezogener Daten und ein umfassender Schutz dieser Daten vor unbefugten Berichtigungen und Zerstörung ist zu gewährleisten. Die DSGVO sieht verpflichtende rechtliche Regelungen (Auskunftsrecht und Dokumentation des Datenschutzes), technische Maßnahmen (Sicherstellung der Vertraulichkeit, Integrität und Verfügbarkeit) und organisatorische Maßnahmen bei der Absicherung personenbezogener Daten vor. Bei der Missachtung verpflichtender Regelungen sind mit Bußgeldern in Millionenhöhe und in Deutschland sogar mit Freiheitsstrafen von bis zu drei Jahren zu rechnen.

Neben den Datenschutzregelungen besteht für Onlinehändler die Möglichkeit der Anonymisierung und Pseudonymisierung personenbezogener Daten. Durch diese Techniken besteht der Bezug zu einer natürlichen Person weitestgehend nicht mehr. Jedoch ist nicht sofort erkennbar, ob der Bezug noch zu einer Person besteht, weswegen eine bedenkenlose Verarbeitung nicht möglich ist. Weil Onlinehändler aufgrund mangelnder Datenschutzkonformität Gefahren ausgesetzt sind, können Onlineshopper ihre Daten technisch absichern. Das Bundesamt für Sicherheit in der Informationstechnik (BSI) empfiehlt z.b. die Nutzung moderner Internetbrowser mit eingebauten Sicherheitsmechanismen und es ist sinnvoll auf verschlüsselte Internetverbindungen zu achten und sichere Websites zu besuchen.

Die e-Privacy-Verordnung soll die DSGVO europaweit mit Regelungen in der elektronischen Kommunikation ergänzen und für mehr Transparenz und Sicherheit sorgen. Mit dem Telekommunikation-Telemedien-Datenschutz-Gesetz (TTDSG) wird die Privatsphäre natürlicher Personen im Internet in Deutschland bereits stärker geschützt. Für die Onlinemarketing-Branche wirken sich die Regelungen der e-Privacy-Verordnung negativ auf das Geschäft aus, denn die Direktwerbung soll eingeschränkt werden. Somit ist das Versenden von Marketingnachrichten über elektronische Kommunikationsdienste nur unter bestimmten Voraussetzungen möglich. Darüber hinaus soll das Telefonmarketing durch die e-Privacy-Verordnung und bereits durch das TTDSG nur dann möglich sein, wenn der Anrufende seine Telefonnummer freiwillig preisgibt.

Unter der Abwägung aller genannten Positionen der Experten kann nun die Leitfrage der Hausarbeit evaluiert werden. Mittels der DSGVO und dem BDSG ist eine Gewährleistung des Schutzes von personenbezogenen Daten durch rechtliche, technische und organisatorische Datenschutzregelungen möglich, insofern hohe Bußgelder für E-Commerce-Unternehmen anfallen, wenn die Pflichten missachtet werden. Die E-Privacy-Verordnung soll die Verarbeitung personenbezogener Daten in der elektronischen Kommunikation verschärfen und das Direktmarketing erschweren. Infolge der bevorstehenden Verschärfung des Datenschutzrechtes müssen sich Onlinehändler weiteren Herausforderungen stellen eine angemessene Datenschutzkonformität ihrer Onlineshops zu erreichen. Die zuständigen Verbände gehen davon aus, „dass die neue Verordnung nicht, wie von der EU-Kommission vorgesehen, mehr Klarheit beim Datenschutz in der Onlinekommunikation bringt, sondern vielmehr zu Rechtsunsicherheit führt. Man befürchtet, dass Änderungen in Geschäftsmodellen, die jetzt für die DSGVO gemacht wurden, bereits in Kürze wieder geändert werden müssen – ähnliches gilt für das TTDSG" (Digital Guide IONOS, 2022b).

Die vorliegende Hausarbeit betrachtet ausschließlich die Datenschutzregelungen für deutsche E-Commerce-Unternehmen. Es könnte sinnvoll sein, diese Untersuchung auf andere europäische Länder auszuweiten und mit der rechtlichen Lage in Deutschland vergleichend zu analysieren. Darüber hinaus wurde der Schutz von persönlichen Daten aus der Sicht von Onlineshoppern zu kurz greifend behandelt. Jedoch spielt der Mensch ebenso eine große Rolle beim Schutz persönlicher Daten wie das datenschutzgerechte Auftreten von Onlinehändlern, insofern ein unbeabsichtigtes Verhalten bzw. eine Achtlosigkeit bei der Weitergabe personenbezogener Daten zum Verlust dieser Daten führen könnte. Es könnte also sinnvoll sein bei weiteren Untersuchungen nicht nur auf technische Maßnahmen sondern näher auf organisatorische Maßnahmen wie z.B. Mitarbeiterschulungen im Datenschutz einzugehen und den Faktor Mensch als Risiko in den Vordergrund zu stellen.

A Text Mining bei der Literaturrecherche

Mithilfe eines Text Mining Prozesses (siehe Abb. 3), der im Seminar Datenschutz und Persönlichkeitsrechte für das Programm *RapidMiner* zur Verfügung gestellt wurde, konnte wissenschaftliche Literatur für die vorliegende Hausarbeit gewonnen werden. Dafür mussten zunächst Texte zum Thema E-Commerce und Datenschutz gesammelt und analysiert werden, um relevante Keywords (siehe Abb. 1) filtern zu können. Anhand der gefundenen Keywords und mit einem Referenztext (siehe Abb. 2), konnten optimale Ergebnisse beim Text Mining erreicht werden (siehe Abb. 4). Durch Eigenrecherche und wissenschaftlicher Literatur aus den Ergebnissen des Text Mining, erfolgte die Verfassung der Hausarbeit. Zu den Ergebnisses des Text Mining gehören die Quellen von (Kühling, 2019) und (Bühlmann und Metin, 2018), auf die in der Hausarbeit verwiesen wurden.

Abbildung 1: Keywords für Text Mining

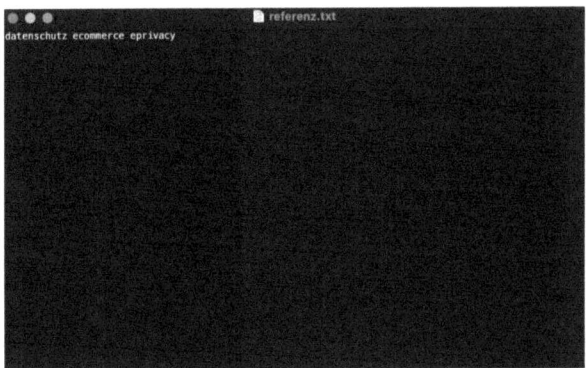

Abbildung 2: Referenztext für Text Mining

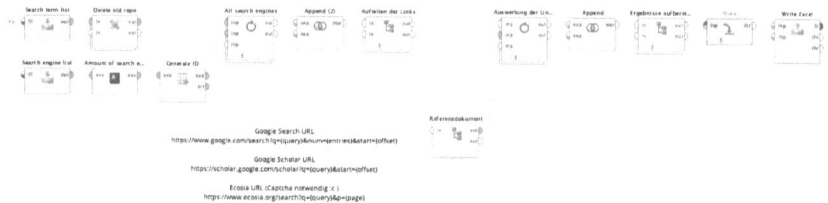

Search term list
Delete old repo
All search engines
Append (2)
Aufteilen der Links
Auswertung der Lin...
Append
Ergebnisse aufberei...
Write Excel
Search engine list
Amount of search e...
Generate ID
Referenzdokument
Google Search URL
https://www.google.com/search?q={query}&num={entries}&start={offset}
Google Scholar URL
https://scholar.google.com/scholar?q={query}&start={offset}
Ecosia URL (Captcha notwendig :c)
https://www.ecosia.org/search?q={query}&p={page}

Abbildung 3: Text Mining Prozessstruktur

Row No.	nr	cluster	link	type	relevance
1	3	cluster_1	https://www.mll-news.com/wp-content/uploads/2018/12/Jusletter_datenschutz-im-e-com_6d6c54f262_de.pdf	pdf	1
2	7	cluster_1	https://www.eco.de/wp-content/uploads/2018/06/Verbaendeschreiben_zur_ePrivacy-Verordnung_vom_01.06.2018-1.pdf	pdf	1
3	1	cluster_1	https://zaw.de/wp-content/uploads/2020/01/Kuehling-Gutachten-ePrivacy-VO.pdf	pdf	1
4	9	cluster_1	https://www.ie.foundation/content/4-publications/ief_policypaper_eprivacy_de.pdf	pdf	1
5	5	cluster_1	https://www.bmj.de/SharedDocs/Downloads/DE/News/Artikel/112919_DSGVO_Studie.pdf?__blob=publicationFile&v=2	pdf	1
6	15	cluster_1	https://epub.jku.at/obvulihs/download/pdf/1706717?originalFilename=true	pdf	1
7	19	cluster_1	https://uol.de/fileadmin/user_upload/c3l/Studiengaenge/Informationsrecht/Download/Leseproben/informationsrecht_leseprobe_datenschutzrecht.pdf	pdf	1
8	17	cluster_1	https://www.tuv-akademie.at/uploads/media/Blick_ins_Buch_PHB_DS.pdf	pdf	1
9	13	cluster_1	https://fra.europa.eu/sites/default/files/fra_uploads/fra-coe-edps-2018-handbook-data-protection_de.pdf	pdf	1
10	23	cluster_1	https://www.haendlerbund.de/de/leistungen/rechtssicherheit/agb-service?trcde=9psQTd57zP	html	1
11	21	cluster_1	https://www.haendlerbund.de/de/leistungen/rechtssicherheit/agb-service/datenschutzerklaerung	html	1
12	33	cluster_1	https://www.janolaw.de/internetrecht/internetshop/online-shop-quick-check.html?partnerid=1001#menu	html	1
13	37	cluster_1	https://dl.gi.de/bitstream/handle/20.500.12116/30400/GI-Proceedings.19-85.pdf?sequence=1&isAllowed=y	pdf	1
14	35	cluster_1	https://link.springer.com/chapter/10.1007/978-3-322-89183-9_13	html	1
15	31	cluster_1	https://www.janolaw.de/internetrecht/marktplaetze/abmahnschutz_amazon/?partnerid=1001#menu	html	1
16	47	cluster_1	https://opus4.kobv.de/opus4-uni-passau/files/1051/halder_christoph_private_enforcement.pdf	pdf	1
17	45	cluster_1	https://link.springer.com/article/10.1007/BF03032061	html	1
18	49	cluster_1	https://www.degruyter.com/document/doi/10.9785/cr-2021-371011/html	html	1
19	55	cluster_1	https://media.hugendubel.de/shop/coverscans/331PDF/7eec503f21b34c498c55cf822f7f976d.pdf	pdf	1
20	53	cluster_1	https://link.springer.com/chapter/10.1007/978-3-642-56684-4_2	html	1
21	57	cluster_1	https://link.springer.com/chapter/10.1007/978-3-662-59450-6_5	html	1

Abbildung 4: Ergebnisse des Text Mining

Literaturverzeichnis

Aichele, C. und Schönberger, M. (2016). *E-Business: eine Übersicht für erfolgreiches B2B und B2C.* Springer Vieweg, Wiesbaden.

bankenverband (2021). 3D-Secure Ist Für Online-Kartenzahlungen Pflicht. https://bankenverband.de/themen/online-kreditkartenzahlungen-2021-verpflichtend-3d-secure/. (Letzter Zugriff 21.08.2022).

Bitkom (2020). E-Commerce Und Stationärer Handel: So Digital Shoppen Die Deutschen. Studienbericht. https://www.bitkom.org/sites/default/files/2020-07/200714_studienbericht-handel_2020.pdf. (Letzter Zugriff 26.08.2022).

Bühlmann, L. und Metin, H. (2018). Datenschutz Im E-Commerce. *Jusletter.*

Bundesbeauftragte für den Datenschutz und die Informationsfreiheit (o.J.). E-Privacy-Verordnung. https://www.bfdi.bund.de/DE/Fachthemen/Inhalte/Telemedien/ePrivacy_Verordnung.html. (Letzter Zugriff 26.08.2022).

Bundesministerium für Wirtschaft und Klimaschutz (2021). Gesetz Zum Schutz Der Privatsphäre in Der Digitalen Welt Beschlossen. https://www.bmwk.de/Redaktion/DE/Pressemitteilungen/2021/05/20210528-gesetz-zum-schutz-der-privatsphaere-in-der-digitalen-welt-beschlossen.html. (Letzter Zugriff 26.08.2022).

Datenschutzkanzlei (2020). Der Rechtskonforme Online-Shop. Ecommerce Ohne Rechtlichen Ärger. https://www.datenschutzkanzlei.de//wp-content/uploads/2020/10/eBook_Der-rechtskonforme-Online-Shop_v1.0.pdf. (Letzter Zugriff 21.08.2022).

Datenschutz.org (2022a). BDSG-neu: Was Enthält Das Neue Bundesdatenschutzgesetz? https://www.datenschutz.org/bdsg-neu/. (Letzter Zugriff 23.08.2022).

Datenschutz.org (2022b). Datenschutz: Rechte Und Pflichten Für Bürger Und Unternehmen. https://www.datenschutz.org/rechte-und-pflichten/. (Letzter Zugriff 26.08.2022).

Deges, F. (2020). *Grundlagen, Bedeutung und Rahmenbedingungen des E-Commerce,* Seiten 1–37. Springer Fachmedien Wiesbaden, Wiesbaden.

Digital Guide IONOS (2022a). Datenschutz Im E-Commerce. https://www.ionos.de/digitalguide/websites/online-recht/datenschutz-im-e-commerce/. (Letzter Zugriff 22.08.2022).

Digital Guide IONOS (2022b). Die ePrivacy-Verordnung Und Ihr Großer Schatten: Womit Müssen Sie Rechnen? https://www.ionos.de/digitalguide/websites/online-recht/eprivacy-verordnung/. (Letzter Zugriff 23.08.2022).

Engelhardt, J.-F. und Magerhans, A. (2019). *eCommerce klipp & klar.* WiWi klipp & klar. Springer Gabler, Wiesbaden.

European Data Protection Board (2021). Erklärung 03/2021 Zur Verordnung Über Privatsphäre Und Elektronische Kommunikation (ePrivacy-Verordnung). Angenommen Am 9. März 2021. https://edpb.europa.eu/system/files/2021-06/edpb_statement_032021_eprivacy_regulation_de.pdf. (Letzter Zugriff 26.08.2022).

Fachverbands deutscher Webseiten-Betreiber (2020). Studie Des FdWB von 2.500 Webseiten Zeigt: 41% Deutscher Webseiten Sind Nicht Sicher. https://fdwb.de/studie-des-fdwb-von-2-500-webseiten-2020/. (Letzter Zugriff 24.08.2022).

G-DATA (o.J.). Online-Shopping, Aber Sicher. Worauf Sie Bei Bestellungen Im Internet Achten Sollten. https://www.gdata.de/tipps-tricks/online-shopping-aber-sicher. (Letzter Zugriff 26.08.2022).

Gassmann, M. (2018). Misstrauen Der Kunden Kostet Online-Handel Milliarden. https://www.welt.de/wirtschaft/article176296320/Angst-der-Kunden-um-ihre-Daten-bringt-Handel-um-Milliarden.html. (Letzter Zugriff 21.08.2022).

Handelsverband Deutschland (2022). Online Monitor 2022. https://einzelhandel.de/index.php?option=com_attachments&task=download&id=10659. (Letzter Zugriff 11.08.2022).

Heinemann, G. (2020). *B2B eCommerce: Grundlagen, Geschäftsmodelle und Best Practices im Business-to-Business Online-Handel.* Lehrbuch. Springer Gabler, Wiesbaden.

Heinemann, G. (2022). *Der neue Online-Handel: Geschäftsmodelle, Geschäftssysteme und Benchmarks im E-Commerce.* Springer Gabler, Wiesbaden, 13., auflage. Auflage.

Heise, J. (2020). ePrivacy-Verordnung Und Marketing: Das Müssen Sie Wissen. https://www.mailjet.com/de/blog/email/eprivacy/. (Letzter Zugriff 26.08.2022).

Hetmank, S. (2016). *Internetrecht: Grundlagen, Streitfragen, Aktuelle Entwicklungen.* Springer Lehrbuch. Springer Vieweg, Wiesbaden.

IHK Rhein-Neckar (o.J.). Die Grundsätze Der Datenverarbeitung. https://ihk.de/rhein-neckar/recht/datenschutz-it-sicherheit/grundsaetze-datenverarbeitung-4554126. (Letzter Zugriff 25.08.2022).

Kühling, J. (2019). Rechtsgutachten Über Die Rechtlichen Rahmenbedingungen Der Ausgestaltung Sektorspezifischer Zulässigkeitstatbestände Und Insbesondere Der Einwilligung in Der ePrivacy-VO". https://zaw.de/wp-content/uploads/2020/01/Kuehling-Gutachten-ePrivacy-VO.pdf. (Letzter Zugriff 21.08.2022).

Märki, H. (2019). *Empirische Erfassung Und Prädiktion von Datenschutz-Verhalten Beim Onlineshopping.* Dissertation, Technische Universität Darmstadt.

MLL News Portal (2021). E-Privacy-Verordnung: EU-Rat Einigt Sich Auf Eine Regelung Für Die Nutzung von Kommunikationsdaten Und Cookies. https://www.mll-news.com/e-privacy-verordnung-eu-rat-einigt-sich-auf-eine-regelung-fuer-die-nutzung-von-kommunikationsdaten-und-cookies/. (Letzter Zugriff 26.08.2022).

Pavlakoudis, R. (2022). Kunden Wollen Mehr Klarheit Über Den Datenschutz Beim Online-Einkauf. https://www.getapp.de/blog/2865/datenschutz-online-verbrauchermeinungen. (Letzter Zugriff 19.08.2022).

Rammos, T. und Harttrumpf, M. (2021). Cookies, TTDSG Und ePrivacy-Verordnung: Was Erwartet Uns 2022 Beim Datenschutz Im Online-Bereich? https://www.taylorwessing.com/de/insights-and-events/insights/2021/12/cookies-ttdsg-und-eprivacy-verordnung-datenschutz-im-onlinebereich. (Letzter Zugriff 26.08.2022).

Rauer, N. (2017). Was Macht Eigentlich Die E-Privacy-Verordnung? *Kommunikation & Recht*, 12(24).

Riehm, U. (2004). E-Commerce. Begriff, Geschichte, aktueller Stand und Ausblick. *Wissensgesellschaft : Neue Medien und ihre Konsequenzen Bonn : Bundeszentrale für politische Bildung. Hrsg.: H.D. Kübler.*

Riehm, U., Petermann, T., Orwat, C., Coenen, C., Revermann, C., Scherz, C., und Wingert, B. (2003). *E-Commerce in Deutschland: Eine Kritische Bestandsaufnahme Zum Elektronischen Handel.* Studien Des Büros Für Technikfolgen-Abschätzung Beim Deutschen Bundestag. Edition Sigma, Berlin.

Schier, A. (2020). *Adressierung Des Privacy Paradoxon Im B2C-E-Commerce.* Dissertation, Universität Leipzig.

Specht-Riemenschneider, L., Riemenschneider, S., und Schneider, R. (2020). *Internetrecht.* Springer-Lehrbuch. Springer, Berlin.

verbraucherzentrale (2021). Verwendung von Kundendaten: Wie Gut Ist Der Datenschutz Im Onlineshop? https://www.verbraucherzentrale.de/wissen/digitale-welt/onlinehandel/verwendung-von-kundendaten-wie-gut-ist-der-datenschutz-im-onlineshop-8372. (Letzter Zugriff 25.08.2022).

Voigt, P. und von dem Bussche, A. (2018). *EU-Datenschutz-Grundverordnung (DSGVO): Praktikerhandbuch: unter vollständiger Berücksichtigung des deutschen Datenschutz-Anpassungs- und -Umsetzungsgesetzes EU (DSAnpUG-EU).* Springer, Berlin.

Weber, P., Gabriel, R., Lux, T., und Menke, K. (2022). *Basiswissen Wirtschaftsinformatik.* Springer Fachmedien Wiesbaden, Wiesbaden.

WELT (2014). Onlinehändler Achten Nicht Genug Auf Datenschutz. https://www.welt.de/wirtschaft/article128753842/Onlinehaendler-achten-nicht-genug-auf-Datenschutz.html. (Letzter Zugriff 24.08.2022).

Wewer, G. (2020). Datenschutz. In Klenk, T., Nullmeier, F., und Wewer, G., Herausgeber, *Handbuch Digitalisierung in Staat und Verwaltung*, Seiten 1–12. Springer Fachmedien Wiesbaden, Wiesbaden.

.